NOTICE NÉCROLOGIQUE

SUR

MONSIEUR PÉRÈS

CURÉ DE SAINT-ESPRIT, A LECTOURE

PAR

M. L'ABBÉ H. MARQUET

AUCH

IMPRIMERIE AUSCITAINE, ADOLPHE THIBAULT

1880

NOTICE NÉCROLOGIQUE

SUR MONSIEUR PÉRÈS

CURÉ DE SAINT-ESPRIT, A LECTOURE

PAR M. L'ABBÉ H. MARQUET

Ce serait une très-belle figure sacerdotale à reproduire que celle de ce si digne prêtre ; mais nous n'avons, hélas ! que des données insuffisantes. M. l'abbé Pérès vivait beaucoup en dedans ; et bien que des œuvres nombreuses et très-importantes aient marqué sa longue carrière de pasteur, elles ne peuvent nous le faire connaître que très-imparfaitement. Il nous échappe, pour l'intime ; il dérobait aux hommes la meilleure vue de lui-même, et de ses vertus les plus précieuses nous n'avons eu que le reflet. C'était encore beaucoup, puisque cela nous a permis de contempler en lui le prêtre dans toute la haute signification de ce mot.

I

M. l'abbé Pérès appartenait au petit peuple par sa naissance. Mais, si sa famille était d'une condition humble, elle conservait intactes ces vieilles mœurs et ces croyances chrétiennes qui cons-tituent une vraie noblesse.

C'est dans la paroisse de Cuélas, sur les confins du diocèse d'Auch et de Tarbes, qu'il vint au monde, au commencement de la deuxième quinzaine de janvier 1808, et probablement le 17 de ce mois, car le nom d'Antoine qu'il portait nous laisse croire qu'il est né et qu'il a été baptisé le jour même où l'Eglise célèbre la fête de cet illustre solitaire.

Les années de son enfance et de sa première adolescence nous demeurent inconnues, jusqu'à ce qu'il arrive à Auch pour suivre les classes du Petit-Séminaire, en qualité d'élève ecclésiastique. Comme tant d'autres que ne favorisait pas la fortune, il fut d'abord externe, vivant modestement dans une de ces bonnes familles d'artisans qui, moyennant une modique rétribution, recevaient à leur foyer et à leur table les pauvres écoliers. Sa piété, sa prudence précoce, son amour du travail le firent grandement apprécier de ses maîtres ; et le vénérable directeur de la *Congrégation*, qui vit encore, se plaît à rappeler que le jeune Antoine, admis bientôt au nombre des congréganistes, servait de modèle et de mentor à ses bruyants compagnons. L'aménité de son caractère lui acquit l'affection de ces derniers, et de cette époque datèrent pour M. Pérès de précieuses amitiés que ni les années, ni les distances, ni la diversité des goûts et des carrières n'ont jamais refroidies.

Passé au Grand-Séminaire, il se perfectionna dans les vertus solides qui promettent à l'Eglise un prêtre selon le cœur de Dieu. Aussi ses supérieurs s'empressèrent-ils de lui faire gravir les divers degrés de la hiérarchie sainte. Son Eminence le cardinal D'Isoard lui conféra, dans la chapelle de l'Archevêché, la tonsure cléricale, le samedi des quatre-temps de la Pentecôte, 16 juin 1832, et les ordres mineurs, le lendemain de la Pentecôte, 3 juin 1833.

Ce fut la même année et dans l'église métropolitaine que, le samedi des quatre-temps de Noël, 21 décembre, il fut promu par le même Prélat à l'ordre du sous-diaconat.

Le 14 mars 1834, veille du dimanche de la Passion, il fut ordonné diacre, dans la chapelle de l'Archevêché, par Mgr Pierre-Michel-Marie Double, évêque de Tarbes.

Et enfin le 24 mai suivant, samedi des quatre-temps de la Pentecôte, dans l'église métropolitaine, le Cardinal-Archevêque d'Auch le consacra prêtre.

L'émotion qu'il éprouvait encore après quarante ans, en parlant de son ordination, nous laisse deviner ce qui dut se passer dans son âme lorsque l'huile sainte coula sur ses mains et lorsque, pour la première fois, il monta à l'autel pour offrir l'auguste sacrifice.

Du reste, la ferveur des premiers jours, loin de s'affaiblir, parut s'accroître sans cesse ; la pensée de la messe le quittait rarement, elle dominait toutes les autres, et son attitude, quand il accomplissait l'action sainte, inspirait la foi et le respect aux plus indifférents.

A peine ordonné, le cardinal D'Isoard l'envoya dans la paroisse de Loùrties, près d'un vénérable confesseur de la foi, prêtre centenaire dont les forces épuisées ne soutenaient plus le zèle. Le cœur du vieillard et le cœur du jeune prêtre se comprirent bien vite ; ils avaient le même grand amour de Dieu et le même ardent désir de sauver des âmes. Ils s'attachèrent l'un à l'autre ainsi qu'un père et un fils peuvent tendrement s'attacher. Hélas ! cette sainte amitié n'eut sur cette terre qu'une durée bien courte : six mois après l'arrivée de M. Pérès, le bon vieillard mourut, laissant à son jeune compagnon un souvenir tout embaumé.

« Les six mois que j'ai passés près de lui, nous a redit bien souvent M. Pérès, sont les plus heureux de ma vie. »

Mais il ne quittait ce vieillard que pour se dévouer au service d'un autre vétéran du sanctuaire, également confesseur de la foi. Le Cardinal-Archevêque le nomma en effet vicaire de Saint-Esprit, à Lectoure, pour assister le vénérable abbé Ducassé, dont le souvenir est encore vivant dans cette ville.

M. Pérès, qui arriva à Lectoure sur la fin de l'année 1834 ou aux premiers jours de l'année 1835, ne devait plus remplir autre part les fonctions pastorales.

Pendant les cinq ans que vécut encore M. Ducassé, son vicaire ne cessa de l'entourer de soins affectueux, d'attentions délicates, de prévenances filiales ; dans toutes ses démarches, M. Pérès apportait cette déférence qui console tant les vieillards et qu'on ne saurait leur refuser sans injustice, mais dont un trop grand nombre se trouvent douloureusement frustrés.

Dès lors commence pour M. Pérès cette régularité de vie qui ne se démentira plus : son temps se partage entre l'église et sa modeste chambre. Désormais, s'il rompt avec la solitude, ce sera pour répondre aux devoirs de la charité ou visiter les malades. Néanmoins, sans bruit, sans éclat extérieur, par le seul ascendant d'une vertu douce et soutenue, il s'insinue de plus en plus dans la confiance de la population. En chaire, les grâces de l'art font défaut à sa parole, mais elle trouve sa force dans l'accent de conviction qui l'anime et, malgré tout, elle va droit à l'âme. Ce jeune prêtre, en cinq ans, avait si bien conquis l'estime générale ; on trouvait en lui une telle sagesse de conseil et une telle maturité de conduite, que la population tout entière le demanda pour curé, à la mort du vénérable abbé Ducassé.

II

Par une exception fort rare et d'autant plus honorable pour celui qui en fut l'objet, l'autorité ecclésiastique se rendit à ces instantes prières, et M. Pérès reçut en 1840 la succession pastorale du vieux confesseur de la foi.

Il se donne comme il savait se donner, c'est-à-dire corps et âme, à sa chère paroisse. Il la considère comme une famille dont il est le père ; les besoins tant spirituels que temporels de son troupeau deviennent l'objet constant de ses préoccupations ; pour y subvenir, il ne reculera devant aucun sacrifice personnel et son ardente charité sera ingénieuse à créer ou à découvrir des ressources de toute espèce.

L'on se ressentait encore à cette époque des désastres de la Révolution. Sans doute, il y avait eu depuis longues années un merveilleux réveil de la foi ; et, tout particulièrement, dans le Saint-Esprit, M. Pérès avait le consolant spectacle des vertus patriarcales qu'offraient presque toutes les familles de la campagne et un grand nombre de celles de la ville ; mais il existait encore bien des abus à corriger, bien des plaies morales à guérir, bien des pécheurs à ramener au devoir.

De plus, la maison de Dieu se trouvait dans un triste état. A la veille de la Révolution, l'église paroissiale de Saint-Jean était tombée, et les offices de la paroisse avaient été transportés dans l'église des Pères Cordeliers. Cette dernière ne put être sauvée au rétablissement du culte ; la paroisse rétablie n'eut plus à sa disposition que l'ancienne église des Pères Carmes, et encore dut-on la racheter de l'Etat ou de la commune. Cette église, avec ses vastes dimensions, ses murs massifs, ses deux portes ogivales et ornées de sculptures, ne manquait pas de cachet ; mais la désolation était passée par là. On ne put d'abord réparer tant de ruines, et en 1840 l'église des Carmes était encore bien triste et bien délabrée.

Le jeune curé en rêva la complète restauration, et son rêve devait admirablement se réaliser.

Avant tout, néanmoins, il songea à l'édifice spirituel, et, au commencement de 1842, il procura à sa paroisse le bienfait d'une Mission générale. Quelques Missionnaires du Diocèse, MM. Dubosc, Abadie, Descat, alors dans tout le feu de l'âge et du zèle, accoururent à son appel. Les saints exercices produisirent des fruits extraordinaires de grâce et de salut ; non-seulement la paroisse, mais la ville entière fut renouvelée. Le souvenir de ces jours de bénédiction ne s'effaça plus du cœur du saint curé, et, un mois avant sa mort, il nous en parlait encore ; il ne pouvait oublier ces hommes qui, bien avant dans la nuit, assiégeaient en foule les Missionnaires pour se confesser, et dont quelques-uns attendirent à jeun jusqu'à quatre heures du soir pour avoir le bonheur de communier.

La Mission finie, M. Pérès prépara la restauration de l'église et la construction d'un presbytère, et cela sans rien demander à la paroisse ou à la Fabrique et bien qu'il fût dépourvu de ressources personnelles. Mais il comptait sur la Providence qui ne lui manqua jamais.

Pour le presbytère, il sut procurer sur les remparts du Midi un emplacement inappréciable. Lui-même dirigea les travaux. La maison qu'il a fait bâtir n'a rien de luxueux, mais elle est suffisamment spacieuse et commode dans sa simplicité. Ce dont ses successeurs lui garderont une impérissable reconnaissance, c'est d'avoir ménagé un jardin en terrasse, qui domine les deux vallées du Gers et de l'Auze, et d'où l'œil voit se dérouler devant lui, sans autres limites que les Pyrénées, un immense et ravissant paysage. Dans ce jardin, M. Pérès prenait sa récréation, tantôt causant avec quelques amis, tantôt seul et contemplant la vaste plaine, ou s'essayant à l'arboriculture. Ses essais ne demeurèrent pas stériles : nous leur devons une spécialité de poires excellentes, auxquelles la science a donné le nom du bon curé.

III

En construisant le presbytère, M. Pérès songeait moins à lui qu'à ses successeurs ; aussi leur en assura-t-il la jouissance par un acte de donation en bonne et due forme qu'il fit à la Fabrique, sous la condition expresse que la maison et ses dépendances seraient affectées au service du curé de Saint-Esprit. Des sommes considérables passèrent entre ses mains ; il les consacra sans réserve aux bonnes œuvres ou au soulagement des pauvres, et c'est en toute vérité que, quelques mois avant sa mort, il pouvait dire que « léger il était venu à Lectoure et léger il s'en reviendrait ».

En 1843, il commença les grands travaux de l'église ; sous une forme ou sous une autre, ils devaient se prolonger jusqu'en 1868. Dans les premières années, il fut obligé, pour les offices de la paroisse, de demander asile aux diverses chapelles de la ville (de l'Hôpital, des Carmélites, du Collége), et, pour que les âmes ne souffrissent pas de ce que l'on se trouvait comme en l'air, il se multiplia et se condamna à de grandes fatigues.

Comme il allait sur le crédit de la Providence, il ne lui fut pas possible d'arrêter, au début, un plan définitif ; à mesure que les ressources lui arrivèrent, les projets se modifièrent, s'agrandirent et se perfectionnèrent ; mais sa persévérance, son esprit d'ordre et de suite, son zèle que rien ne rebutait le rendirent supérieur à toutes les difficultés, — elles furent nombreuses, — et il a fini par doter la paroisse d'une belle église, à trois nefs et avec voûte. La réparation du clocher, qu'il orna d'une flèche et qu'il enrichit de plusieurs cloches, suivit de près. Les grosses œuvres ne nuisirent aucunement aux décorations intérieures ; non-seulement M. Pérès prit de sages précautions pour conserver plusieurs objets d'art, entre autres de remarquables boiseries, un beau rétable d'autel, une magnifique toile, peut-être de Lebrun, qui représente l'Assomption de Marie, de vieilles étoffes merveilleuses de broderies, mais encore il monta sa sacristie sur un excellent pied, et peu d'églises sont aussi abondamment pourvues que celle de Saint-Esprit.

De plus, il fit l'acquisition d'un cimetière spécialement destiné à sa paroisse ; il l'appropria d'une manière fort convenable et le dota même d'une chapelle. Cette chapelle, il la reconstruisit l'année dernière, et c'est là qu'il a voulu dire sa dernière messe à Lectoure.

Tous ces travaux, si utiles d'ailleurs, n'étaient qu'un moyen pour atteindre une fin autrement supérieure, que le bon curé n'a cessé de poursuivre : la sanctification des âmes ; vers ce but unique tendait la généralité de ses efforts.

Du reste, dans le choix des moyens qui peuvent aider le zèle sacerdotal, ceux que la sainte Eglise indique elle-même avaient de beaucoup sa préférence. Ainsi, il professait un religieux respect pour la liturgie ; rien ne lui apparaissait petit dans les détails du culte extérieur ; il veillait à ce que les moindres cérémonies s'accomplissent selon les exigences des règles ; lui-même présidait le lutrin, où il savait attirer de bons chantres ; enfin il apportait en toute chose tant d'ordre et de ponctualité, que son église s'est acquis un renom pour la beauté des offices.

S'il cultivait avec un soin spécial les confréries pieuses de sa paroisse, il ne demeurait pas étranger aux grands intérêts de l'Eglise universelle ; il a rendu singulièrement prospères chez lui les œuvres de la Propagation de la Foi et du Denier de Saint-Pierre, et toute une moisson de prêtres a mûri dans le champ qu'il fécondait. L'un de ceux-ci a voulu lui témoigner sa filiale reconnaissance en consacrant ses talents d'artiste à la décoration de l'église.

Les résultats si consolants de la première Mission l'encouragèrent à ménager, de temps en temps, à son troupeau des grâces semblables ; il fit prêcher plusieurs Retraites et même, en 1860, une autre Mission, qu'il confia aux Pères Calvairiens de Toulouse, et qui eut un plein succès. Nous pouvons ajouter qu'à ce succès ne contribuèrent pas peu les prédications en patois, faites en un langage accort et alerte, mais toujours pur de trivialité ; la meilleure compagnie se passionna pour ces sermons et, dès cinq heures du matin, les dames elles-mêmes se pressaient autour de la chaire.

IV

Mais, par-dessus tout, l'action continue et personnelle du pasteur fut pendant plus de quarante ans une abondante source de bien pour la paroisse.

Il se tenait constamment à la disposition de ses paroissiens, soit à l'église, soit au presbytère. A toute heure du jour et de la nuit, il était prêt à franchir les plus grandes distances pour apporter les secours de la religion aux malades ; près d'eux, il multipliait ses visites ; il avait le don de les consoler et de faire accepter chrétiennement les souffrances et la mort même à ceux qui, par leur conduite antérieure, semblaient le plus éloignés de Dieu. Dans les familles pauvres, il ne se présentait jamais les mains vides ; il devinait ce qui leur manquait et, aux secours d'argent, il ajoutait des dons en nature, bouillon, vin vieux, viandes légères, etc., qui sont si utiles à l'estomac délabré des pauvres malades.

Quel long et édifiant chapitre nous aurions à écrire, s'il nous était permis de révéler les prodigieuses largesses qu'il a répandues autour de lui ! Mais la plupart de ses bonnes œuvres n'ont eu d'autres témoins que Dieu et les intéressés, et sur ce point, comme sur tant d'autres choses qui pouvaient tourner à sa gloire, sa discrétion était impénétrable.

Pauvre lui-même, il devait à son amour bien connu pour les pauvres les généreuses aumônes qui furent confiées à ses soins. Nous voudrions ne pas soulever le voile dont elles étaient si jalouses de se couvrir ; mais comment toucher à ce sujet sans que tout le monde à Lectoure ne porte sa pensée sur deux saintes femmes, belle-mère et belle-fille, qui se servirent si souvent de M. Pérès pour soulager l'indigence ? Toutes leurs précautions n'ont pu les soustraire aux hommages de la reconnaissance publique, et, même après leur mort, leur maison brille toujours de la douce auréole de la charité chrétienne.

Ce n'est pas seulement sur quelques âmes d'élite que M. Pérès a exercé une remarquable influence : les hommes les plus différents de goût, de caractère, d'opinions, de condition sociale, ont subi de sa part cette irrésistible attraction dont le bon Dieu semble avoir réservé le secret aux prêtres selon son cœur. Il inspirait à tous une profonde vénération ; ceux-là mêmes qui ne paraissent pas à l'église étaient fiers de l'avoir pour pasteur et le citaient comme le type d'un vrai ministre de Jésus-Christ. Il est donné à un petit nombre de curés de tenir une si grande place dans le cœur de leurs paroissiens. En plusieurs circonstances, la population laissa éclater par les marques les moins équivoques la vivacité de ses sentiments d'affection. Ainsi, un an ou deux avant la guerre, M. Pérès fit une grave maladie; quelques jours il demeura entre la vie et la mort. Or, pendant tout ce temps, l'on eût cru que chaque famille était *menacée* dans le plus cher de ses membres; immédiatement la prière permanente s'organise dans la paroisse, et, jusqu'à ce que tout danger fût conjuré, le Rosaire se récita, sans interruption, à toutes les heures du jour et de la nuit.

Nous l'avons déjà dit, ses vertus privées avaient beaucoup contribué à lui acquérir l'estime universelle. Sa piété était une leçon vivante de l'amour que nous devons à Dieu. Il passait de longues heures devant le Saint-Sacrement. De très-bonne heure il arrivait à l'église, qu'il ne quittait bien avant dans la matinée que pour y retourner assez tôt dans la soirée et y demeurer jusqu'à la nuit. Il était là, à genoux ou debout, sa belle tête, que couronnaient de rares cheveux blancs, un peu inclinée vers l'épaule, ses grands yeux fixant le tabernacle ou à demi voilés par les paupières; il priait, et il n'interrompait son oraison que pour se rendre au confessionnal, où il était souvent appelé.

Malgré sa modestie, il n'avait pu cacher son rare mérite aux Archevêques d'Auch, qui recoururent souvent à lui pour des affaires importantes et délicates. Avec son vieil ami M. Mauco, archiprêtre de Saint-Gervais, il prêta un précieux concours à Mgr de la Croix d'Azolette pour la fondation des Sœurs de la Providence; cette communauté, aujourd'hui florissante, n'oublie pas ce qu'elle doit au dévouement de M. Pérès.

Une exquise prudence était le caractère de toutes ses démarches; mais cette prudence, qui tenait de la sagesse et non de la pusillanimité, n'excluait aucunement la fermeté dans la décision; au contraire, quand il prenait un parti, il avait si bien tout pesé devant Dieu qu'il ne revenait plus sur ses pas.

Pour montrer son estime envers ce digne prêtre, Mgr de Langalerie voulut l'attacher à son Chapitre métropolitain en le nommant chanoine honoraire.

Cette distinction causa une sensible joie et à la paroisse de Saint-

Esprit et à tous les confrères de M. l'abbé Pérès. Il jouissait près de ceux-ci d'une haute réputation de sainteté ; quelques-uns l'avaient choisi pour leur guide spirituel, et ses conseils, que tous recherchaient, étaient d'un grand poids.

La porte de son presbytère comme celle de son cœur s'ouvrait joyeuse à tout prêtre. Son hospitalité était simple, mais large, cordiale, essentiellement sacerdotale ; elle avait cela de propre qu'on ne pouvait s'arrêter sous son toit sans s'y retremper dans l'amour des solides vertus. Quoiqu'il vît les choses par leur côté sérieux, sa conversation n'excluait pas une aimable gaieté ; il y avait dans ses relations, comme dans les traits de son visage, un mélange d'austérité et de douce bienveillance qui attirait tout à la fois la confiance et le respect.

V

La paroisse de Saint-Esprit était si attachée à son curé qu'on ne pouvait s'arrêter à la pensée de le perdre ; la mort seule paraissait pouvoir rompre les liens si forts qui s'étaient formés entre le pasteur et le troupeau. Hélas ! on ne comptait pas avec les scrupules d'une conscience trop délicate. Depuis longtemps, une maladie lente minait les forces de M. Pérès ; il avait beau réagir contre la souffrance, elle perçait à travers la pâleur mate de son visage, et un jour vint où il crut ne plus répondre aux exigences de la charge pastorale : sa démission se présenta à lui comme un devoir impérieux.

Ce devoir, il résolut de l'accomplir malgré tous les brisements que son cœur devait éprouver. Se démettre de son titre ne lui parut pas suffisant, il crut devoir s'éloigner de cette ville, qui était pour lui plus qu'une seconde patrie, et s'en aller dans la retraite se préparer aux années éternelles. Mais il n'eut pas le courage de s'exposer à la douleur des adieux ; il cacha même son dessein à son vieil ami dans le sacerdoce, avec qui, depuis son arrivée à Lectoure, il travaillait comme travaillent deux frères au champ que le Seigneur leur avait confié par moitié, et il quitta sa paroisse sous apparence d'un pèlerinage à Notre-Dame de Lourdes, mais avec la pensée bien arrêtée de faire agréer sa démission par Mgr l'Archevêque.

Mgr de Langalerie lui opposa d'abord un refus formel, mais enfin il céda aux larmes du vieillard.

A la nouvelle du malheur qui la frappe, la paroisse désolée s'empresse tout entière d'adresser les plus touchantes supplications à son bien-aimé pasteur pour le rappeler au milieu de ses enfants ; mais rien ne peut vaincre les scrupules de cette âme timorée.

Après avoir demandé à la Vierge de Lourdes la force de continuer son sacrifice, M. Pérès vint se réfugier près de la chapelle de Notre-Dame de Cahuzac, dans la maison des Missionnaires du Diocèse.

Tant d'émotions avaient achevé de briser son corps ; il n'eut que le temps d'arriver à Cahuzac pour mourir entre les bras de son vieil ami et de son compagnon d'ordination, M. l'abbé Davezac, supérieur des Missionnaires.

C'est à cet ami que nous empruntons les détails de cette mort édifiante.

« M. Pérès, écrit-il, nous arriva le 8 janvier, plein de joie, heureux de venir passer les dernières années de sa vie à l'ombre du sanctuaire de Celle qu'il avait aimée et tant fait aimer dans sa paroisse. Hélas ! il ne savait pas que Celui qui a compté nos jours avait fixé si près le terme des siens.

» Le mardi 13, il dit la sainte messe à son heure ordinaire ; il déjeuna vers huit heures, et à neuf heures il se trouva saisi par la fièvre et des frissons insurmontables.

» Il vit tout de suite et il annonça lui-même que c'était le prélude d'une maladie dont il ne relèverait pas. Le docteur, appelé à l'instant, cherchait à le rassurer. « Je ferai tout ce que vous vou- » drez, répondait toujours le malade ; mais c'est inutile, vous ne » m'en tirerez pas. »

» Le jeudi, il demanda le Saint-Viatique, qu'il reçut avec cette grande foi qui l'accompagnait dans toutes les fonctions du saint ministère.

» Le vendredi, il voulut recevoir l'Extrême-Onction et l'indulgence *in articulo mortis*.

» Le samedi, je lui donnai sur sa demande l'absolution générale et la bénédiction papale du tiers-ordre de Saint-François-d'Assise.

« C'est un dessein de la Providence, me disait-il, que je sois venu

» ici pour mourir. J'y trouve tant de secours si abondants et si
» faciles ! »

» Enfin, le dimanche, je lui appliquai l'indulgence plénière du
scapulaire du Mont-Carmel.

» Le même jour, vers trois heures, commença sa longue et pénible
agonie, qui dura jusqu'au lundi matin, sans pourtant lui ôter ses
facultés intellectuelles.

» Vers sept heures, pour la dernière fois, je lui suggérai quelques prières et actes de piété. Puis j'allai dire la messe de communauté ; quand je pus remonter à sa chambre, il ne m'entendait plus,
et vers neuf heures il cessait de souffrir pour aller recevoir sa cou-
ronne. »

C'était le 19 janvier 1880. M. Pérès venait d'entrer dans sa
soixante-treizième année.

On ne peut qu'envier une telle mort ; mais n'oublions pas qu'elle
a été le digne couronnement d'une sainte vie.

Auch. — Imp. Auscitaine, A. Thibault.